THÈSE

DE

LICENCE.

ACTE PUBLIC

POUR

LA LICENCE

En exécution de l'Article 4, Titre 2, de la Loi du 22 Ventôse an XII,

SOUTENU

Par **M**. de **BOYER MONTÉGUT** (Paul),

Né à Toulouse (Haute-Garonne).

TOULOUSE,

Typographie Troyes OUVRIERS REUNIS,

Rue Saint-Pantaléon, 5.

1859.

A LA MÉMOIRE DE MA MÈRE.

———

A MON PÈRE.

———

MEIS ET AMICIS.

C.

Jus Romanum.

—

De interdictis quorum bonorum. — Uti possidetis. — De vi et de vi armatâ.

Dɪɢ. Lɪʙ. XLIII , Tɪᴛ. II , XVI , XVII. — Iɴsᴛ. Jusᴛ. Lɪʙ. IV , Tɪᴛ. XV.

Sicut definivit Justinianus titulo *de interdictis*, sunt interdicta formæ atque conceptiones verborum quibus prætor aut jubebat aliquid fieri , aut fieri prohibebat : quod tunc maximè faciebat, cum de possessione aut quasi possessione inter aliquos contendebatur. (Inst. Just. lib. 4 , tit 15 , proœmium.)

Sed si semper de possesione agebatur formulâ interdicti , varia erant certamina de illa ; et maximè conspicua interdictorum divisio est, quod quædam adipiscendæ possessionis causâ comparata sunt , quædam retinendæ , quædam recuperandæ quorum varia et multa exempla ostendere facilè esset. Sed nobis disserendum est de unico exemplo illarum specierum : de interdicto *quorum bonorum*, quod accommodatum est ad adipiscendam possessionem, *uti possidetis*, quod comparatum est de retinendâ possessione, et tandem de interdicto *unde vi*, quod proponitur ad recuperandam possessionem.

De interdicto quorum bonorum.

Sic ait prætor : Quorum bonorum ex edicto meo illi possessio data est, quod de his bonis pro hærede aut pro possessore possides possideresve, si nihil usu captum esset : quod quidem dolo malo fecisti uti desineres possidere id illi restituas. (L. 1, tit. 2, lib. 41, Dig.)

1° *Quæ sit natura et indoles hujus interdicti.* — Ad petendum hoc interdictum, is qui auxilio prætoris uti vult agnoscere debuit hæreditatem quam illi tribuit prætoris edictum, id est voluntatem suam manifestare debuit adipiscendæ hæreditatis. Hæres quidem civili jure institutus non posset nostrum interdictum obtinere, nisi agnitionem bonorum fecisset. (Gaii Comment. Liv. 3, § 34). Confirmatur illa sententia constitutione Codice inclusâ : « Sive ex edicto sororis patruelis intestato sine liberis defunctæ, rectè petita bonorum possessione quæsisti successionem, ac negotium integrum est : quæ (quum moretur), ejus fuerunt, secundum interdicti quorum bonorum tenorem, ab his qui pro herede vel pro possessore possident, dolove malo fecerint quo magis desierint possidere, tibi rector provinciæ restitui efficiet. » L. 2, Cod. 8, 2, h tit.

Sed non sufficit agnitionem bonorum factum fuisse, sed qui hoc interdicto experitur, probare debet se in eâ causâ esse, ut ad bonorum possessionem admitti debuerit. Undè Severus et Antoninus rescripserunt : hæreditatem ejus quem patrem tuum fuisse dicis, petiturus, judicibus qui super eâ re cognituri erunt, de fide intentionis allega. Quamvis enim bonorum possessionem ut præteritus agnovisti : tamen interdicto quorum bonorum non aliter possessor constitui poteris, quam si te defuncti filium esse, et ad hereditatem vel bonorum possessionem admissum probaveris. (L. 1, Cod. — 8, 2, hoc. tit.)

Hoc interdicto uti potest adversus omnes possessores hereditatis, sive possideant pro herede aut pro possessore aut adversus illos qui dolo malo possidere desierunt ; et certum est vel usucapionem pro herede non impedire petitionem firmatam interdicto quorum bonorum , nam senatus-consulto Adriano in quantum locupletior factus est possessor hereditatis restituere semper debet , invito possessionis longo tempore.

2° *Qui sunt effectus hujus interdicti ?* — Interdictum quorum bonorum non persecutionem dabat universi juris hærreditarii , sed illius auxilio obtinebantur sola corpora hereditaria. Itaque non includebantur in illo interdicto nomina hereditaria , quia traditionem et possessionem recipere non possunt nomina. A fortiori , res quæ locum tenebant rerum successionis petendæ non erant inclusæ illo interdicto. Sed contrà, si persecutio illa universum jus non obtinebat , facillima erat probatio ; sufficiebat enim probatum fuisse defunctum possessionem habuisse. Itaque longe, distabat illud prætorianum auxilium a petitione civili hereditatis qua vincebat solus qui probabat res in dominio defuncti fuisse , et qua jus nominum obtinebat qui petebat.

Antè Justinianum , cùm discernebantur duo successionum genera aut civilium aut bonorum possessiones quæ sæpè jus civile corrigebant , maximè utile erat quorum bonorum et discernebatur bonorum possessio *sine re* aut *cum re*. *Cum re* successionem confirmabat perpetuo , aut possessorem constituebat in lite petitionis hereditatis ab herede jure civilis incepta aut *sine re* jus hereditarium tribuebat ; sed post Justinianum , cum unà confunduntur juris civilis et honorarii regulæ, prodest solum interdictum ad servandas partes defensoris adversus petitionem hereditatis.

De interdicto uti possidetis.

(Lib. XLIII. Tit. XVII).

Uti possidetis interdictum quod ad res soli pertinet, non adhibetur ad resarciendum damnum illatum alicujus possessioni, sed illo utitur ad definiendum jus possessionis adversis partibus invicem petitum. Itaquè non ad recuperandam sed ad retinendam possessionem utile est , et duplex dicitur , quia adversis partibus prodesse potest.

Hujus est hæc formula : Uti eas ædes de quibus agitur , nec vi, nec clàm , nec precariò alter ab altero possidetis ; quominùs ità possideatis vim fieri veto.

1° *Quandò huic interdicto locus est ?* — Hujus interdicti proponendi causa hæc fuit ; quod separata esse debet possessio, proprietate. Fieri enim potest ut alter possessor sit, dominus non sit ; alter dominus quidem sit possessor verò non sit , et antequam proprietatis oriatur controversia statuere conveniens est inter litigatores, uter posssessor erit, id est negator, et contrà uter petitor , id est qui se dominum esse dicit. (l. 1. §§ 2 et 3. h. tit.). Et, semper tali modo se res habebunt, nisi conventum fuisset inter litigatores uter petitionis onus fungi debet.

Hoc interdictum locum habet , sive quis totum fundum possidere se dicat , sive pro indiviso possideat; et queri potest quotiescumque re suâ ad libitum uti prohibetur possessor. Sic uti prohiberi videtur qui ædificare aut reficere suas ædes non potest , æquè si vicinus ex fundo tuo vites in suas arbores transduxit. Nam, ut aiunt Pomponius et Labeo, hoc modo vicinus possidere prohibitur , quia colere fundum prohibet , vites tuas transducens apud suum fundum. (L. 3. § 4. — Hoc tit.).

Inutile est , ut locus sit interdicto uti possidetis vim adhibitam fuisse, et facile intelligitur a fortiori illo uti posse , si vicinus foderet, sive araret aut ædificaret, ità ut liberam possessionem adversarii vicini sui non reliquit.

2° *Cui detur hoc interdictum ?* — Datur ei qui possidet ; nec solum illi qui civiliter , sed illi qui naturaliter duntaxat possidet. Itaquè, ut dicit Ulpianus , hoc valet interdictum inter fructuarios, etsi alter usumfructum , alter possessionem sibi defendat. (L. 4, hoc titulo). Superficiarii autem proprio interdicto et actionibus a prætore accommodatis utuntur , nam dominus soli potior erit interdicto uti possidetis.

Tandem , quoniam non habent illud interdictum nisi qui possident, certum est illud non habere creditores in possessionem missos ; et hoc erit simile in cæteris omnibus qui custodiâ causæ missi sunt in possessionem.

Notandum est possessionem solam quæ manifestatur nec vi, nec clàm, nec precariò ab adversario tuendam esse à prætore.

Sed definiendæ sunt diligenter hujus possessionis qualitates prædictæ. Parùm refert an sit possessio animo domini aut non, et bona fides, nec justus titulus utilis ad usucapionem non sunt utiles ad usucapionem. Parum refert quoque justa an injusta sit possessio adversus cæteros ; qualiscumque enim possessor, hoc ipso quod possessor est, plus juris habet quam ille qui non possidet. (L. 2, hoc. tit.) Et sicut dicitur variis jurisconsultis qui illam sententiam adprobant : adversus extraneos vitiosa possessio prodesse solet, et qui precariò fundum possidet, is interdicto uti possidetis, adversus omnes, præter eum quem rogavit, uti potest. (L. 53, dig. lib. 41, tit. 2. — L. 17, Dig lib. 43, tit. 26).

In vitium possessionis non succedit is qui etiam sciens ab eo qui vi clàm aut precariò possidebat, rem comparaverit. Hoc vitium personale est, nisi succedat possessor injusto possessori hæredis nomine qui personam defuncti sustinet et trahit ad se.

3° *Quomodò agitur in hâc lite de interdicto ?* — Primum hoc interdictum non est efficax nisi in anno utili a turbatione possessionis illo utatur. Tamen post annum persecutio erit in quantum locupletior factus est adversarius qui turbavit possessionem. Sola verba quæ denotant interdictum : *uti possidetis* satis significant vincere debere solam partem quæ possidet cum lis incipit ; sed interdicto quoque uti posset qui non possideret inceptæ litis tempore, si facto adversarii et illius vi perdidisset possessionem, quia videtur semper possidere qui sola vi possessionem perdidit.

Sicut jam diximus, duplex est hoc interdictum ; ità ut quisque litigantium actor et defensor est, et probare debet suam possessionem. Consequens est quoque eamdem futuram esse litis solutionem cuique litigantium ; ità ut actor non solum si perdit, repelletur, sed condemnationem subire potest , quia defensor invicem adversus illum agere potuit.

Exitus controversiæ possessionis hic est præsertim , ut pronuntiet judex uter possidere debet , et ex consequentiâ , se defendere cùm de dominio quærela erit. Tamen in hoc interdicto qui turbavit possessorem quanti ea res est condemnetur. *Et quanti res est* , sic accipitur, quanti uniuscujusque interest possessionem retinere. (L. 3 , § 11 , hoc. tit.)

Interdictum de vi et de vi armatâ.

(Lib. XLIII , tit. XVI.)

Duo sunt interdicta de vi : alterum de vi simpliciter, seu de vi quotidianâ, cum sine armis quis de possessione rei soli dejectus est ; alterum de vi armatâ , cum res soli armis occupata est.

Non servata fuerunt edicti verba circà vim armatam , sed circà vim quotidianam tale est. Prætor ait : undè tu illum vi dejecisti , aut familia tua dejecit, de eo quæque ille tunc ibi habuit, tantummodò intrà annum ; post annum de eo quod ad eum qui vi dejecit pervenerit, judicium dabo. (L. 1 , Dig. hoc. tit.)

Vix dicendum est hæc interdicta duo de recuperandâ possessione concepta esse.

1o *Quando locus sit illis interdictis.* — Interdictum unde vi ad solam atrocem vim pertinet, sive vis in corpore aut in animo effectum habeat. Sufficit metus qui mentem occupat, saltem cum metus est gravis et quasi præsentis periculi. Sed si impulsu metus, facta fuerit traditio rerum , cessat interdictum unde vi , quia non est vi dejectus qui compulsus est in possessionem inducere. (L. 5 , Dig. hoc. tit.) Tunc illi sufficiet quod metus causa actio.

Parum refert si colonus tuus vi dejectus est aut tu ipse ; parum refert quoque si is qui possidet sive civiliter sive naturaliter possidet. Usufructuarius illo interdicto uti potest.

Evidenter ad hoc interdictum non pertinet vis imaginaria et legitima quæ jure veteri fiebat, tum manus conserendo, tum verbis vindicando. (L. 19, lib. 6, tit. 1, Dig.) Et generaliter non videtur vim facere qui jure suo utitur et ordinaria actione experitur. (L. 155, § 1, Dig. lib. 50, tit. 17.)

De vi armata quædam specialia ponenda sunt. Oportet armis dejectum fuisse possessorem, et illo verbo armis significantur quoque vel fustes et lapides. Si quis autem visis armatis qui alibì tendebant metu hoc deterritus profugerit, non videtur dejectus : quia non hoc animo fuerunt qui armati erant, sed alio tendebant.

Sed quæ sunt res ad quas servandas utitur nostris interdictis ?

Pertinent ad eum qui uti frui prohibitus est ; consequenter autem dicemus ad res mobiles non pertinere, si quis uti frui prohibitus est re mobili, nisi si rei soli accedebant res mobiles. In hoc casu sufficiebant actio furti, aut bonorum raptorum aut ad exhibendum.

2° *Quibus et adversus quos hæc interdicta dentur.* — Competunt illis qui vi dejecti sunt et hæredibus et cæteris successoribus. Et parum refert an possessor dejectus possiderit vi clam aut precariò ab adversario qui ipse dejecit. In initio videtur hanc regulam non admissam fuisse nisi ergà dejectum vi armata (Gaïus, Comment. § 155), sed novo jure non jam discernendum est, et adversus vim valet semper interdictum, invita improba possessione dejecti.

Competunt interdicta adversus omnes qui vi dejecerunt, et quamvis corpore illius dejectio non facta fuisset, dejecisse videtur qui mandavit vel jussit dejectionem. Edicti ipsa verba demonstrant, interdicto locum esse adversus illum cujus familia dejecit, id est servus aut filius. Propter vim armatam qua usus fuit dejiciens et graviorem vi quotidiana datur interdictum undè vi armata adversus parentem aut patronum : secus in interdicto levi quotidiana.

Adversus hæredes cæterosque successores non datur actio ex interdictis oriens, sed solum de eo quod ad hæredem pervenit (Dig. l. 3. hoc. tit.) ; quæ dicitur *actio in factum.*

4º *Quomodo agitur in lite de illis interdictis, quo tempore et quos effectus habeat condemnatio ?* — In illis duobus interdictis, venit ut restituatur fundus quo quis dejectus est, vel potius ut vis fieri prohibeatur ei qui dejectus est, quominus regrediatur ; et is qui non possidet restituere tamen cogitur ; nam quamvis sinè dolo et culpâ amiseris possessionem , tamen , damnandus es quanti mea intersit. (L. 15. hoc. tit.) Itaque si usufructuarius dejectus fuit , et tempore usufructus finitus fuerit postquam dejectus est a domino, nihilominus cogendus erit restituere, id est usumfructum iterum constituere. (L. 9. p. 1. hoc. tit.) ; tali modo conspicue demonstratur personalem esse actionem ortam ab interdictis undè vi , et hujus qualitatis justa causa elucet , nam illa actio ex maleficio nascitur.

Ex die quo quis dejectus est, fructuum ratio habetur ; quamvis in cæteris interdictis , ex quo edita sunt non retrò computantur ; et damnatus omnem causam præstare debet , et non solùm computabuntur fructus quos percipit quando , sed quos vetus possessor percipere potuisset. (E. 1. 4 , 8 , 4.)

Interdictum de vi quotidianâ intrà annum datur , sed adversus hæredes aut illum qui dejecit perpetuum est in quantùm locupletiores facti sunt. De interdicto unde vi armatâ disputatur an quoque annale erat ; sed indicare videtur epistota Ciceronis ad Cassium perpetuum fuisse. Sinè dubio est à Justiniano confusa fuisse illa duo interdicta.

POSITIONES.

1 Quomodò explicatur hæc differentia verborum in § 144, Comment. quart. Gaïi quo legitur *pro herede possidere tam is* qui heres est

quam is qui putat se heredem esse , dum in § 3 , Inst. Just. lib. 4 , tit. 15 , legitur solùm : *pro herede possidere* videtur qui putat se heredem esse ? — Confusione juris civilis et honorarii.

II. Potest-ne interdictum uti possidetis adhibere , qui cæpit rem vindicare ? — Potest (L. 12 , § 1 , Dig. lib. 41 , tit. 2.)

III. Lis de interdicto uti possidetis et lis de rei vindicatione unâ concurrere possunt ne ? — Non. (L. 1 , § 6 , Dig. lib. 43 , tit. 16.)

Code Napoléon.

Droits et devoirs qui dérivent du mariage à l'égard des époux entr'eux. — De l'autorité maritale.

(212 à 226).

Quand deux époux se sont juré, aux pieds des autels et devant le représentant de la puissance sociale, une fidélité qui ne doit finir qu'avec la vie, chacun d'eux doit avoir compris que ce contrat solennel, qui constitue la base de toute société , devait confondre tellement leurs existences que , toute pensée égoïste et individuelle devait être à jamais bannie de leur conduite respective; mais le législateur ne pouvait s'en remettre au simple instinct, aux sentiments plus ou moins vagues dominant les époux au moment de leur union; aussi notre Code Napoléon a-t-il réglementé , autant qu'il pouvait le faire, une matière aussi délicate, et où, il faut bien l'avouer, les principes de la morale et les préceptes du Droit non écrit devront toujours venir au secours de la loi écrite et formulée dans les textes. La division de notre travail est toute naturelle, et nous l'empruntons à la rédaction même de notre loi. Nous nous occuperons d'abord des devoirs réciproques et mutuels des époux ; puis nous nous occuperons de certaines prérogatives qui forment l'attribut spécial du mari et qui constituent ce que l'on appelle la puissance maritale relativement aux actes civils de la femme.

CHAPITRE Ier.

Droits et devoirs mutuels.

(Art. 212).

Les époux se doivent mutuellement fidélité , secours , assistance.

1° *Fidélité.* — Tout le monde sent ce que c'est que la fidélité , que le cœur et la bouche ont promis de concert, promesse solennelle qui ne doit être violée ni par l'âme , ni par le corps. Mais la loi ne peut pas sonder les consciences , et dès-lors-, quand elle commande la fidélité , elle veut dire qu'elle réprouve et condamne l'adultère physique.

La sanction de ce devoir de fidélité est double. Elle se manifeste soit par une demande en séparation de corps dont l'adultère peut être le fondement de la part d'un époux comme de la part de l'autre, soit par des poursuites correctionnelles. Mais l'on sait cependant que la femme à laquelle on peut reprocher la preuve matérielle de l'oubli de ses devoirs, est bien plus sévèrement punie que le mari. Il suffit qu'elle ait failli une fois pour que l'on puisse demander la séparation de corps contre elle ; pour le mari, il faut qu'il ait entretenu sa concubine dans la maison commune ; et devant le tribunal correctionnel , à supposer que le mari soit traduit pour un délit de cette nature , il n'encourra qu'une simple amende, tandis que la femme pourra être, pendant deux ans, privée de sa liberté.

2° *Secours, assistance.* – Quand il y a entre les deux époux inégalité de fortune, quelle qu'en soit la cause , et malgré la séparation des époux qui pourrait avoir été prononcée en justice , celui qui a le plus de fortune doit nourrir son conjoint et supporter seul les charges du ménage, c'est là le secours qu'ils se doivent.

Quant à l'assistance, elle consiste non plus dans l'aumône faite des choses nécessaires à la vie, mais avant tout dans l'aumône des sentiments qui viennent du cœur. Ce devoir, qui paraît essentiellement et uniquement moral, pourrait cependant trouver sa sanction dans une demande en séparation de corps, qui se fonderait sur une injure grave résultant de l'inaccomplissement des devoirs d'humanité entre époux.

Art. 213. Le mari doit protection à sa femme et la femme obéissance à son mari. Ces deux devoirs sont essentiellement corrélatifs, et si la femme doit obéir à son mari, c'est surtout afin que la protection que lui doit son mari puisse s'exercer utilement. La combinaison de ces deux idées amène à cette conséquence forcée que la femme doit résider avec son mari; pourvu aussi, et bien entendu corrélativement, que le mari donne à sa femme une résidence convenable, et lui fournisse, s'il le peut, tout ce qui est nécessaire pour les besoins de la vie.

Quelle sera la sanction de cette obligation de cohabitation commune imposée à la femme? Il n'est pas douteux, d'abord, que son refus de réintégrer le domicile conjugal ne puisse être considéré comme une injure grave et servant, par conséquent, de fondement à une séparation de corps. Il n'est pas douteux non plus que la femme, même dans le besoin, perdrait, en demeurant éloignée de son mari, le droit de lui réclamer des aliments; mais les docteurs sont demeurés quelque peu divisés sur le point de savoir si le mari pourrait exiger la réintégration de sa femme même *manu militari*. Quant à la jurisprudence, elle est fixée dans le sens de l'affirmative, le motif pris de ce que l'obligation pour la femme de résider avec son mari ne peut pas être considérée comme une simple obligation de faire de nature à se résoudre en dommages intérêts, et de ce que le retour de la femme au domicile conjugal, quoique sa continuité ne puisse pas être garantie par une coërcition physique, suffira peut-être cependant pour l'arracher aux mauvais conseils qui pouvaient l'avoir déterminée et pour prévenir tout nouvel oubli de ses devoirs.

L'obligation pour la femme de résider avec son mari ne souffre pas exception , même lorsque le mari juge à propos de résider à l'étranger , à moins que le mari ne voulût s'y rendre , malgré la prescription contraire d'une loi spéciale; car l'obéissance de la femme ne peut plus être un devoir lorsqu'elle constitue un délit.

Le mari n'aurait pas non plus le droit de traîner sa femme de pays en pays sans jamais s'arrêter nulle part ; car l'obligation imposée à la femme consiste à suivre son mari partout où il juge à propos *de résider* , et non pas à mener avec lui une vie de vagabond. Enfin le mari doit offrir à sa femme une résidence convenable , et il est certain que le devoir de cohabitation imposé à la femme cesse si son mari s'est dérobé de son côté à l'obligation de la recevoir et de l'entretenir suivant ses facultés et son état.

CHAPITRE II.

De la puissance maritale , quant aux actes civils intéressant la femme.

Avant d'indiquer le véritable fondement sur lequel repose la nécessité de l'autorisation maritale pour les actes civils de la femme , disons quelques mots des principes qui dominaient cette matière dans notre ancienne jurisprudence Française , et pour cela distinguons les pays de Droit écrit et les pays de Droit coutumier. Dans les premiers, l'autorisation n'était exigée qu'autant que les litiges ou les contrats pouvaient affecter les droits du mari sur les biens de son épouse , c'est-à-dire lorsqu'il s'agissait des biens dotaux ; quant aux biens paraphernaux , la femme pouvait en disposer sans autorisation. Seulement , en souvenir du sénatus consulte Veilléien il était défendu à la femme de s'engager pour autrui, même sur ses biens paraphernaux.

L'ordonnance de 1731 avait aussi défendu à la femme d'accepter une donation entre-vifs, sans l'autorisation de son mari ou de la justice, à moins que la donation ne fût faite à la femme pour lui tenir lieu de bien paraphernal. Enfin, toujours relativement à ces biens paraphernaux, la femme avait le droit d'ester en justice sans autorisation.

Dans les pays coutumiers au contraire, il était généralement admis que la femme ne pouvait ni ester en jugement ni contracter sans l'autorisation de son mari, ou à son défaut celle de la justice; et on allait même si loin dans ce sens que les coutumes de Normandie et de Bourgogne exigeaient cette autorisation même pour les testaments. Mais le défaut d'autorisation n'entraînait pas toujours les mêmes conséquences. En effet, tandis que la coutume de Paris réputait radicalement nulles les obligations contractées par la femme sans autorisation, d'autres au contraire en suspendaient seulement les effets pendant la vie du mari; mais toutes ces diversités ont été effacées par le Code Napoléon qui a rétabli sur ce sujet des règles uniformes.

SECTION Ire.

Fondement de la nécessité de l'autorisation maritale.

Il nous paraît difficile de mieux indiquer que d'après les paroles de M. Mouricault au Tribunat la véritable idée d'après laquelle le législateur a subordonné à l'autorisation du mari les actes civils de la femme. Pothier, disait-il, soutient que l'incapacité de la femme est établie non pas dans son intérêt, mais comme une déférence due à son mari; mais cet assujettissement n'a-t il donc pas aussi pour objet de donner un guide à l'inexpérience de la femme, et de lui assurer un protecteur contre la surprise? Il est certain en effet qu'il faut réunir ces deux idées, pour se rendre un compte exact de la raison de la loi en cette matière.

En effet, si la femme devait être autorisée par son mari uniquement parce qu'elle lui doit une obéissance complète, c'est au mari seul que la loi aurait donné le droit de demander la nullité des actes contractés sans son autorisation, tandis que ce même droit est accordé à la femme, d'un autre côté, si la femme n'avait besoin de l'autorisation maritale qu'à cause de la faiblesse de son sexe, *propter fragilitatem sexus*, est-ce que les filles et les veuves majeures auraient été autorisées à régler seules leur conduite ou leurs intérêts pécuniaires? La loi confierait-elle aux femmes surtout la tutelle de leurs enfants et même celle de leur mari quand il est interdit?

Résumons notre idée dans cette formule : la femme doit être protégée par son mari, parce que celui-ci a forcément beaucoup mieux qu'elle l'expérience de la vie et la science des choses pratiques, et comme dans une association bien organisée il faut trouver un gérant, le gérant naturel de l'association conjugale, c'est bien le mari.

Section II.

Dans quels cas l'autorisation maritale est-elle exigée.

(217). La femme même non commune ou séparée de biens ne peut donner, aliéner, hypothéquer à titre gratuit ou onéreux sans le concours du mari dans l'acte, ou son consentement par écrit.

Il ne faut pas s'étonner de voir prohiber l'acquisition à titre onéreux, car elle ne serait possible qu'au moyen d'une aliénation antérieure et dont les fonds en provenant serviraient à payer l'acquisition nouvelle. Quant à la prohibition de l'acquisition gratuite, elle repose sur cette idée, que la femme ne doit pas convenablement recevoir des libéralités à l'insu de son mari.

On a discuté quelquefois, et vraiment, il nous semble, que la question n'était point très difficile, sur le point de savoir si de l'incapacité d'aliéner découlait pour la femme l'incapacité de s'obliger par un contrat quelconque. La raison ne dit-elle pas en effet que lorsque l'on s'oblige on aliène indirectement, et que la loi ne doit pas vouloir permettre à la femme de faire indirectement ce qu'elle ne saurait faire directement? D'ailleurs l'art. 2092 ne dit-il pas expressément que lors-

que l'on s'oblige, on engage tout son patrimoine, si l'on ne solde pas l'objet de son obligation? Enfin le texte des articles de notre section, 219, 220, 222, 224, ne répètent-ils point à chaque instant les expressions de *contracter, de s'obliger? de passer un acte?*

Il faut entendre avec mesure cette règle que nous venons de poser. Elle ne doit s'appliquer à la lettre que pour les actes dans lesquels la femme aura manifesté l'intention formelle de diminuer sa fortune par la création d'une obligation.

Ainsi, la femme qui ne peut pas aliéner elle-même indirectement, pourra cependant disposer par acte de dernière volonté qui n'est pendant la vie qu'un projet révocable à volonté. De même, si la femme ne peut pas s'imposer à dessein une obligation, elle peut bien se trouver engagée dans les liens d'une obligation très-valable, pourvu qu'elle naisse d'une autre source que le contrat, par exemple, d'un quasi-contrat ; ainsi par exemple, dans le cas de tutelle de ses enfants d'un premier lit ; d'un délit ou d'un quasi-délit, comme le serait un mineur lui-même, parce que le fait qui les constitue, bien qu'étant volontaire, ne s'accomplit pourtant pas dans le dessein de s'obliger.

D'ailleurs l'incapacité de la femme mariée pour aliéner, acquérir et s'obliger, n'existe pas d'une manière absolue et identique pour toutes. Cela dépend du régime sous lequel elle est mariée. Ainsi, la femme séparée de biens par son contrat ou par jugement, la femme dotale pour ses biens paraphernaux, la femme commune pour ses propres, ont le droit de s'engager dans la mesure des actes d'administration qui leur sont permis et d'aliéner les meubles qui leur appartiennent.

Cela dépend encore de la profession qu'exerce la femme. Ainsi, quand la femme est marchande, elle peut aliéner, acquérir et s'obliger, pour ce qui concerne son commerce, art. 220.

Art. 215 La femme ne peut ester en jugement sans l'autorisation de son mari, quand même elle serait marchande publique ou non, commune ou séparée de biens. Ce qui veut dire que la femme, quelle que soit sa situation au procès de défenderesse ou de demanderesse, doit, pour la validité de la procédure, être pourvue de l'autorisation maritale.

Notre article, on le voit, se réfère uniquement au cas où il est question d'ester en jugement. Si donc il s'agissait d'exploits non relatifs à une instance, de signification, protêt, sommation extra-judiciaire, c'est-à-dire s'accomplissant en dehors d'un procès, l'autorisation ne serait plus nécessaire, pourvu, bien entendu, que la femme eût le droit d'administration quant aux choses qui feraient l'objet de ses actes.

(Art. 216). L'autorisation du mari n'est point nécessaire lorsque la femme est défenderesse en matière criminelle, correctionnelle ou de police ; parce que le droit de défense en pareille matière est trop sacré pour être subordonné à aucune espèce de formalité. Mais il faut bien entendre qu'il s'agisse d'une action dirigée contre la femme par le ministère public devant une juridiction de répression. Si, au contraire, c'était à la requête d'une partie civile que la femme ait été actionnée, et si la poursuite de cette partie civile n'était pas portée devant les tribunaux en même-temps que l'action du ministère public, il semble que la femme ne pourrait ester en justice toute seule.

IIIᵉ Section.

Formes de l'autorisation.

Il n'est pas nécessaire que l'autorisation soit expresse, elle peut n'être que tacite, puisque d'après l'art. 217 le concours du mari dans l'acte est suffisant. Il est bien entendu d'ailleurs que l'autorisation est valable indépendamment de l'écriture, seulement elle ne pourra être prouvée, lorsqu'elle est verbale, que par l'aveu des parties ou la délation de serment.

Quand il s'agit d'actes judiciaires, si la femme est demanderesse, le mari donne l'autorisation expressément, c'est-à-dire, par écrit ou tacitement, en intervenant au procès Si, au contraire, la femme est défenderesse, le tiers qui la poursuit assigne en même temps son mari à l'effet de l'autoriser ; et le mari, mis en demeure, accorde son autorisation de la façon que nous venons d'indiquer.

(Ar.t 223). L'autorisation générale donnée par le mari à la femme n'est point valable, ou au moins donnée en cette forme, elle n'est valable que quant à l'administration des biens de la femme. On comprend en effet que l'autorisation générale ne serait au fond qu'une abdication de la puissance maritale. Cette règle souffre cependant une certaine exception lorsque le mari autorise sa femme généralement à faire le commerce. La rapidité, l'instantanéite des affaires commerciales ne pouvaient pas permettre d'attendre une autorisation spéciale pour chaque acte.

IVe SECTION.

Peut-on et comment peut-on suppléer à l'autorisation maritale?

Il peut arriver quelquefois que le mari refuse injustement d'autoriser sa femme, ou qu'il soit dans l'impossibilité légale ou physique de donner cette autorisation. Dans ce cas-là alors la justice, qui a le droit et le devoir de veiller dans l'intérêt de tous, peut suppléer le mari.

1° (Art. 218). Lorsque le mari a refusé injustement d'autoriser sa femme, soit pour intenter une action en justice, soit pour passer un acte extra-judiciaire, la femme, aux termes de l'article 861 du Code de Procédure qui nous paraît devoir être général et qui modifie dans une certaine mesure l'art. 220 du Code Napoléon, devra faire constater le refus de son mari au moyen d'une sommation, et puis présenter requête au président du tribunal pour lui permettre d'assigner son mari à la chambre du conseil. Là le mari déduit ses raisons, et le tribunal rend un jugement statuant sur la demande de la femme.

Si la femme est défenderesse en justice, elle n'a pas besoin de procéder de cette façon-là, mais comme son mari a dû être assigné en même temps qu'elle, si celui-ci ne se présente pas avec elle pour l'assister ou ne la pourvoie pas d'une autorisation écrite, c'est le tribunal saisi de 'a ffaire qui l'autorisera en statuant sur la demande.

2o (221). — Quand le mari est frappé d'une condamnation emportant une peine afflictive ou infamante, pendant toute la durée de la peine la justice devra autoriser la femme à ester en jugement ou à contracter.

3o (222). — Si le mari est interdit ou absent, et par une analogie qui n'est exclue par aucun texte, en même temps qu'elle nous paraît commandée par la raison et l'équité, dans le cas même de non présence du mari, si l'acte à accomplir est urgent et dans le cas où sans être interdit, il est enfermé dans une maison d'aliénés, la femme aussi pourra se faire autoriser par la justice.

4o Enfin quand le mari est mineur, il ne pourra autoriser sa femme qu'à faire les actes que l'émancipation conquise par le mariage lui permet à lui-même de faire, et alors la justice doit aussi venir prêter son concours dans tous les cas où le mari serait incapable.

Mais remarquons en passant qu'il faut se garder de dépasser les limites que nous venons de poser, et que par exemple la justice ne pourra jamais suppléer à l'autorisation du mari qui refuse à sa femme de l'habiliter à faire le commerce. Il n'est pas douteux non plus que l'autorisation judiciaire, si elle supplée complétement l'autorisation maritale en ce qui concerne la femme ne la supplée pas complétement en ce qui concerne le mari. Ainsi la femme commune qui oblige son mari et la communauté en même temps qu'elle s'oblige elle-même, lorsqu'elle contracte avec l'autorisation maritale, n'oblige généralement qu'elle seule lorsqu'elle contracte avec l'autorisation de justice. (Art. 1409, 2o et 1419).

Section V.

Quelles sont les conséquences du défaut d'autorisation maritale?

D'après le principe des anciennes coutumes, l'acte passé par la femme sans l'autorisation du mari était radicalement nul, en ce sens qu'il ne pouvait être validé ni par l'assentiment postérieur du mari, ni par la ratification de la femme devenue veuve. Aujourd'hui au contraire, ainsi que le prouvent les termes des art. 225 et 1125, l'acte n'est qu'annulable. Aussi l'annulation n'en peut être demandée que par la femme, le mari ou leurs représentants; elle ne pourrait pas l'être par ceux ou les représentants de ceux qui ont contracté avec la femme; enfin l'action en annulation se prescrit par dix ans; cependant cette prescription ne court qu'à partir de la dissolution du mariage.

Il n'est point douteux que la femme peut demander la nullité soit pendant, soit après le mariage. Quant au mari, la question est fort douteuse de savoir s'il peut l'intenter après le mariage. Il nous semble qu'il le pourra toutes les fois qu'il y trouvera un intérêt pécuniaire, et alors dans ce cas-là, l'action devra appartenir aussi bien aux héritiers du mari qu'au mari lui-même. Ainsi, quand une femme commune renonce sans autorisation à une succession qui devait mettre dans la communauté des valeurs mobilières considérables, il est clair que le mari ou après lui ses héritiers auront un intérêt pécuniaire à faire annuler la renonciation, pour augmenter la communauté de la moitié à laquelle ils ont droit. Nous accordons également le droit d'intenter l'action en nullité aux créanciers du mari ou de la femme, car il s'agit bien là d'une action fondée sur un intérêt pécunaire et l'art. 1166 s'applique pleinement.

Si l'acte de la femme n'est que simplement annulable, il est évident qu'il peut être ratifié par la femme comme par le mari. Mais il n'est pas sans difficulté de poser des règles bien sûres sur le point de savoir si la ratification faite par l'un des époux couvre entièrement la nullité à l'égard de l'autre, de façon à lui enlever toute action. Voici celles que nous proposerions :

1o Pendant le mariage, la ratification faite par la femme avec l'autorisation du mari rend l'acte valable à l'égard de l'un comme de l'autre.

2o Celle faite par le mari sans le concours de la femme prive cette dernière du droit de demander la nullité.

3o La ratification faite par la femme avec l'autorisation de justice n'est pas opposable au mari.

4o Après la dissolution du mariage, la ratification faite par la femme n'enlèvera pas au mari et aux héritiers le droit de demander la nullité.

QUESTIONS.

I. La femme autorisée à plaider en première instance peut-elle sans nouvelle autorisation plaider en appel ou en cassation ? — Oui, pour l'appel. — Non pour le pourvoi en cassation.

II. Le mari peut-il, en ratifiant un acte accompli par sa femme sans son autorisation, l'empêcher d'intenter l'action en nullité ? — Oui.

III. Le mari est-il déchu du droit d'autoriser sa femme pendant tout le temps que dure la dégradation civique en dehors même de la durée de sa peine ? — Non.

IV. La déclaration faite par la femme en contractant avec un tiers, qu'elle n'est pas mariée, l'empêche-t-elle de demander l'action en nullité de son contrat? — Oui.

V. Les tiers qui ont contracté avec une femme mariée dans l'ignorance de son incapacité, peuvent-ils se refuser à réaliser leurs obligations à l'égard de la femme, dans la crainte où ils sont de l'action en nullité qu'elle pourrait intenter contre eux ? — Oui.

Droit Commercial.

Des assurances. — De l'objet de l'assurance.

Toute chose appréciable en argent peut former l'objet d'un contrat d'assurance, pourvu que son existence soit bien certaine au moment où le contrat devra recevoir son effet, quand même elle ne pourrait pas être constatée au moment où le contrat se passe.

Voilà un principe qui doit recevoir son application aussi-bien en matière d'assurance maritime qu'en matière d'assurance terrestre ; mais malgré sa généralité, et quoique le Code de Commerce ne se préoccupe que des premières, nous croyons bon de diviser les cas d'application que nous allons en donner en deux catégories distinctes.

Assurances maritimes.

On distinguait autrefois entre les risques solites et insolites pour savoir ceux qui étaient à la charge de la Compagnie d'Assurance ; maintenant cette source de difficultés n'existe plus ; en principe les compagnies prennent toute espèce de risques à leur charge, pourvu que ce contrat ait été passé de bonne foi.

L'assurance maritime peut avoir pour objet :

1o *Le vaisseau tout entier, corps et quille.* — L'assurance du navire comprend forcément les agrès, les apparaux et les victuailles. Mais si le navire renfermait des accessoires particuliers extraordinaires, il faudrait en faire l'objet d'une matière spéciale, tels que les ustensiles de pêche et des canons pour l'armement en course.

Le navire peut être assuré avec la valeur qu'il a au moment du départ, sans en déduire celle qu'il perdra par la traversée ; c'est là une compensation bien naturelle sous l'empire d'une législation qui ne permet pas que l'on assure le fret.

2o *Les sommes prêtées à la grosse.* — Mais il ne faut point que le prêteur puisse ainsi se permettre un gain usuraire sans courir aucun danger. Ainsi, dans le cas où l'on prête à la grosse à 10 p. 0|0, il faut pour que le contrat soit valable, que le prêteur paie 4 p. 0|0 de prime, ce qui réduit alors son intérêt à 6 p. 0|0, taux ordinaire de l'intérêt commercial.

3o *Les marchandises du chargement.* — Pour les évaluer d'une façon juste, il faudrait les évaluer au lieu même où arrive le sinistre. Mais comme cette appréciation serait souvent bien difficile, il vaudra mieux prendre pour base l'évaluation des marchandises faite au moment du départ.

Il peut arriver quelquefois que l'on assure tout un chargement sans spécifier chacune des marchandises; mais cette assurance ne pourra pas comprendre les marchandises que l'on achèterait en route.

4o *La prime.* — En effet, la prime ajoute à la valeur de la marchandise, de cette façon que si j'ai acheté 100,000 fr. de marchandises que j'ai fait assurer pour 10,000 fr., je puis dire que ma marchandise vaut maintenant 110,000 fr.; je l'assure pour cette valeur, et alors si la marchandise se perd, la compagnie d'assurance me devra 100,000 fr., tandis que si je n'avais pas assuré la prime, la compagnie ne m'aurait dû que 90,000 fr. , en retenant par devers elle le montant de la prime.

5º *Le risque couru par l'assureur.* — En effet, l'assureur court un risque , celui de payer si le navire n'arrive pas à bon port. Pourquoi ne
pourrait-il pas se faire assurer contre ce risque ?

6º. *Le risque couru par l'assuré.* — Il peut craindre, en effet, l'insolvabi-
lité de son premier assureur, de telle sorte que la deuxième compagnie d'assurance cautionnera la première et en un mot *réassurera*. Mais comme
cette réassurance est un véritable affront pour le première compagnie ,
elle peut l'introduire spécialement dans sa police.

L'assurance peut être faite sur tout ou partie des objets énumérés
par l'art. 334 du Code de Commerce, ensemble ou séparément.

Mais il est de principe que l'on ne peut faire assurer que ce l'on a déjà
et que ce que l'on court risque de perdre ; ainsi l'emprunteur à la grosse
ne peut pas faire assurer les objets qui servent de gage aux sommes qu'il
a empruntées , car, aux termes de ce contrat à la grosse , les objets ne
sont plus aux risques et périls du propriétaire du navire, puisque quand
le navire est perdu, le propriétaire n'a plus rien à payer au prêteur à la
grosse.

On ne peut pas assurer non plus, ni le profit espéré des marchandises , parce que rien n'est plus incertain ; ni le fret des marchandises existant à bord du navire, ce qui veut dire probablement que l'on
peut assurer le fret déjà acquis ; ni le loyer des gens de mer , parce que,
dit-on, si le capitaine ou les matelots étaient toujours sûrs d'obtenir leur
salaire, leur zèle en serait diminué, et la vie des voyageurs pourrait être
en danger. On ne peut pas se dissimuler que cette raison est assez pauvre,
et que l'on dirait vraiment que le législateur a pris à tâche en France
de dégoûter les hommes qui veulent tenter les hasards de la fortune
maritime.

Des assurances terrestres.

L'assurance terrestre peut avoir pour objet les récoltes, les animaux ,
les forêts, les bâtiments et toute espèce de marchandises. Elle peut s'é-

tendre aux biens incorporels eux-mêmes ; tels que , par exemple, un usufruit ou une hypothèque portant sur une maison, et que l'incendie de cette maison pourrait annihiler. Alors la compagnie d'assurance indemniserait l'assuré dans ce dernier cas du dommage que lui fait subir la perte de son gage.

On ne peut assurer en principe que sa propre chose. Ainsi le créancier n'aura pas le droit , en général, de faire assurer les marchandises de son débiteur, car s'il peut conserver son droit de créance par tous les moyens possibles , il ne lui est pas permis de faire contracter à son débiteur de nouveaux engagements, notamment celui de payer une prime.

En vertu du même principe, nous déciderons qu'il n'est pas possible, dans une police d'assurance , de se porter fort pour un tiers et dans son intérêt, comme on le fait dans tous les autres contrats d'après l'art. 1120 du Code Napoléon. En effet , si l'on s'en tient uniquement aux termes de l'art. 332 du Code de Commerce , le contrat d'assurance n'est possible qu'à la condition de pouvoir indiquer la qualité de celui qui fait assurer comme commissionnaire ou comme propriétaire; donc le nom du tiers ne saurait y trouver place. D'ailleurs si on adoptait l'affirmative , est-ce que le propriétaire qui n'aurait rien à risquer ne serait pas engagé pour ainsi dire à brûler sa propriété ? Enfin se porter fort , n'est-ce pas pour ainsi dire parier que la personne pour laquelle on se porte fort, **ratifiera ?** n'est-ce pas là pour ainsi dire un contrat aléatoire et comprendrait-on un contrat aléatoire comme l'assurance , greffé lui-même sur un autre contrat aléatoire ?

Non-seulement on doit avoir un intérêt direct quand on souscrit un contrat d'assurance ; mais l'on doit avoir aussi un intérêt légitime. Ainsi l'assurance pour le commerce de contrebande ne devrait pas être permise. Mais rien ne nous paraît plus moral que d'assurer sa propre vie, de façon à laisser à ses héritiers un capital assuré.

Droit Administratif.

Développer les attributions de l'administration active au premier chef, en ce qui concerne les concessions.

La propriété d'un citoyen peut non-seulement découler des acquisitions qu'il aura faites ou des successions qu'il aura recueillies., mais elle peut avoir aussi pour origine des appropriations spéciales qui ne lui auront été permises qu'avec l'autorisation de l'administration qui ne doit point, par exemple, laisser absorber par l'intérêt individuel certains éléments de richesse dont la distribution bien entendue importe à tout le monde. Cette autorisation de l'administration, qu'elle accorde en conservant la plénitude de son appréciation, constituait ce que l'on appelle *une concession.*

Nous allons rechercher le caractère de cet acte administratif, et tâcher d'exposer certaines règles qui révèleront encore mieux ses différentes qualités, en indiquant quelques cas d'application des plus fréquents et des plus usuels.

Quand l'administration accorde à un citoyen le droit d'utiliser, par exemple, une fraction de l'eau courante, il est évident qu'elle se préoccupe avant tout de l'intérêt général, et que celui à la demande duquel elle aura refusé de faire droit, ne pourra pas se plaindre comme si sa propriété avait été violée et amoindrie. Tout au plus pourra-t-il dire qu'il a perdu une chance, une espérance ; mais il n'aura pas le droit, tant que l'administration ne lui avait encore rien accordé , de se plaindre comme si sa situation avait été amoindrie par un acte arbitraire du pouvoir qui régit le pays.

Traduisons cette pensée en langage administratif, et nous dirons que si le désir d'obtenir une concession est basé sur l'*intérêt*, le refus de l'accorder ne lésant aussi que des *intérêts*, le citoyen froissé ne pourra pas se plaindre au nom de son *droit* outragé, et n'aura donc contre le refus de l'administration qu'un simple recours *gracieux*, parce que l'acte de l'administration qui refuse n'est autre chose que l'acte de l'administration active au premier chef, ou autrement dit du *pouvoir gracieux*.

Voilà les principes posés ; passons maintenant aux cas d'application :

1° *Cours d'eau*. — Il n'est point douteux que les rivières navigables ou flottables, constituant une dépendance du domaine public, aucun empiètement ne peut avoir lieu sur eux sans l'autorisation spéciale de l'administration.

Quant aux cours d'eau non navigables ni flottables, bien qu'ils constituent entre les différents propriétaires dont ils traversent les héritages l'objet d'une charge, d'une jouissance commune , ils n'en sont pas moins placés sous la haute surveillance de l'administration active chargée de diriger et de distribuer les eaux de la manière la plus utile à tous.

Il suit de là que l'administration a le droit de faire des réglements d'eau , c'est-à-dire des actes qu'elle peut révoquer et modifier à l'infini pour indiquer à chacun des riverains le mode de jouissance dont ils doivent user dans l'intérêt de tous et de chacun. En vertu du même principe, il est encore bien plus certain qu'une usine ne pourra jamais être organisée sur un cours d'eau quel qu'il soit, sans que l'administration n'ait réglé les conditions de bâtisse du corps de l'usine , et l'organisation des barrages et digues propres à faire fonctionner cette usine. MM. Cotelle et Daviel approuvent pleinement cette théorie, qui est au contraire combattue, il faut l'avouer, par M. Garnier. La jurisprudence du Conseil-d'Etat en a fait aussi de fréquentes applications, en décidant que le demandeur en concessions d'usines est non-recevable à attaquer par le recours contentieux les parties de l'acte de concession qui lui imposent des conditions trop onéreuses selon lui (Arrêtés du 12 juin 1837, du 23 janvier 1837 et du 1er juillet 1839).

Le droit de l'administration relativement aux concessions d'usines bâties sur les cours d'eau navigables et flottables va incontestablement jusques à permettre de révoquer sans indemnité toutes ces concessions, et d'ordonner la démolition de l'usine dans un intérêt public. En effet, à partir de 1840, la loi du budget a toujours indiqué ces concessions comme temporaires et toujours révocables. Mais nous croyons qu'il faut adopter la même solution pour les cours d'eau non navigables ni flottables, surtout quand l'acte de concession réserve à l'administration la faculté de révoquer la concession sans indemnité. En effet, ne serait-il pas essentiellement contraire à l'intérêt général d'imposer à l'administration la charge si lourde de certaines expropriations qui seraient nécessitées par l'ouverture de canaux ou la déclaration de navigabilité de certains cours d'eau?

Il faut admettre aussi avec la jurisprudence du conseil d'Etat et MM. Daviel, Proudhon et Favard, que si l'usinier peut réparer son usine sans autorisation, il ne peut la modifier, l'augmenter, la dénaturer, sans avoir obtenu de nouvelles concessions.

2° *Mines.* — La concession de mines qui peut être faite, on le sait, à tout autre qu'au propriétaire de la surface, est un acte d'un caractère mixte. Contentieux, à l'égard du propriétaire de cette surface, puisqu'il touche à un démembrement de sa propriété, il est aussi grâcieux, c'est-à-dire non susceptible de discussion, en tant qu'il fait un choix entre les divers concurrents qui se présentent et qu'il fixe les droits d'abonnement qui sont dus par le concessionnaire.

Mais les concurrents auraient le droit d'attaquer par la voie contentieuse l'ordonnance de concession, si toutes les formalités voulues par la loi n'avaient pas été observées.

3° *Changement de nom.* — Toute personne qui désire changer de nom doit en adresser la demande motivée au Gouvernement , qui apprécie la nécessité ou la convenance du changemeut et l'autorise, s'il y a lieu. Toutes ces demandes en changements *ou additions* de noms , doivent être considérées comme purement gracieuses, lorsque l'impétrant n'appuie sa déclaratiou sur aucun droit de propriété. (Ordonnance du 18 septembre 1839 , Art. 17).

Mais le refus du ministre d'accueillir pareille demande ne donne pas ouverture à des droits acquis en faveur des tiers, de manière à faire obstacle à ce que l'impétrant obtienne plus tard l'autorisation qu'il avait vainement sollicitée auparavant.

4o *Naturalisation.* — La naturalisation est une pure faveur qu'il dépend de l'administration active d'accorder ou de refuser, même après les dix ans de résidence avec l'autorisation. Ce refus de naturalisation constitue , à proprement parler , ce qu'on appelle un acte de haute police administrative, contre lequel un recours gracieux est seul possible.

Cette Thèse sera soutenue, en séance publique, dans une des salles de la Faculté, le

Vu par le Président de la Thèse,

BRESSOLLES.

Toulouse , Imprimerie Troyes OUVRIERS RÉUNIS, rue St-Pantaléon, 3.